Emanuel Peter Woll

Gott ist lebendig.

Erfahrungen mit Gott.

Bibliografische Information der Deutschen Nationalbibliothek:
Die Deutsche Nationalbibliothek verzeichnet diese Publikation in der Deutschen Nationalbibliografie; detaillierte bibliografische Daten sind im Internet über http://dnb.dnb.de abrufbar.

Herstellung und Verlag: BoD – Books on Demand, Norderstedt

ISBN: 978-3-7578-1812-8

Der Herzstein

Er spricht, er sagt zu mir: „Sei nicht traurig, denn ich sehe dich."

Ich saß allein auf einer Treppe. Ich schaute betrübt zum Boden. Ich wusste keinen Ausweg.

Da hörte ich ihn. Er zeigte sich mir in einem Stein.

Ein Stein in Form eines Herzens lag vor

meinen Füßen und
tröstete mich.

Ich ging dann in ein
Lokal. Ich wollte dort
etwas essen. Da brach
ein gewaltiger Sturm
auf.

Der Regen donnerte
auf den Asphalt. Ein
kleines Kind weinte.

Ich schenkte ihr den kleinen Herzstein und sie lachte.

So war auch sie getröstet.

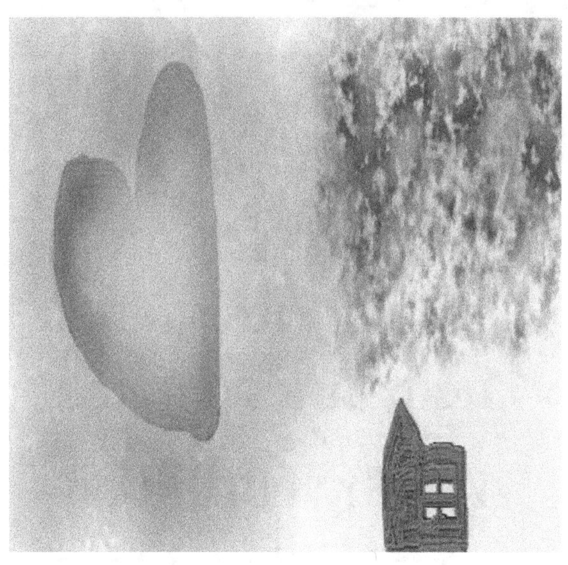

Der Traum

Er spricht, er sagt zu mir: "Ich zeige dir den Weg, den du gehen wirst."

Ich schlief in meinem Bett. Da sah ich über mir einen großen Engel.

Er war riesig und hell. Er leuchtete.

Er schwebte über meinem Bett. Doch ich hatte keine Angst.

Ich wusste nicht, ob ich schlief oder ob ich wach war.

Er sagte zu mir:" Du musst in ein Kloster gehen und dort lernen!"

Ich war damals 11 Jahre alt. Meine Eltern ließen mich in kein Kloster.

Als ich Erwachsen war, dann hat mich

mein Weg zum
Kloster geführt.

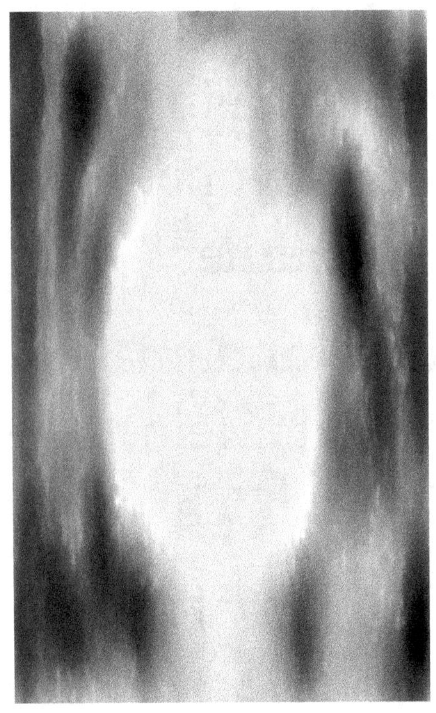

Der Kampf

Er spricht, er sagt zu mir: „Kämpfe, denn Gottes Engel stehen an deiner Seite."

Ich musste eine Prüfung bestehen. Die Prüfung war sehr schwer für mich.

Ich war alleine.
Niemand unterstützte
mich.

Ich konnte nicht mehr
schlafen und wälzte
mich jede Nacht hin
und her.

Etwas in meinem
Innern griff mich an.
Mein Herz tat weh. Es
war schwer und
schmerzte.

Da sprach er in einem
Traum auf Arabisch
zu mir. Er sprach den
Satz immer wieder.

Er sprach: „Kämpfe,
denn meine Engel
stehen an deiner
Seite."

Das Kind

Er spricht, er sagt zu mir:" Der Vater deines Kindes kommt bald."

Es war Februar. Ich träumte von meinem Kind. Ich es auf dem Arm und es sprach zu mir, dass sein Vater bald da sein wird und das mein Cousin jetzt gehen soll.

Es wurde April. Mein
Cousin kam zu
Besuch und fuhr
wieder. In dieser Zeit
lernte ich meinen
Ehemann kennen.

Ich träumte mehrmals
von unserem Kind
noch bevor es auf die
Welt kam.

Er sprach zu mir:
"Am 4.5 komm ich
auf die Welt."

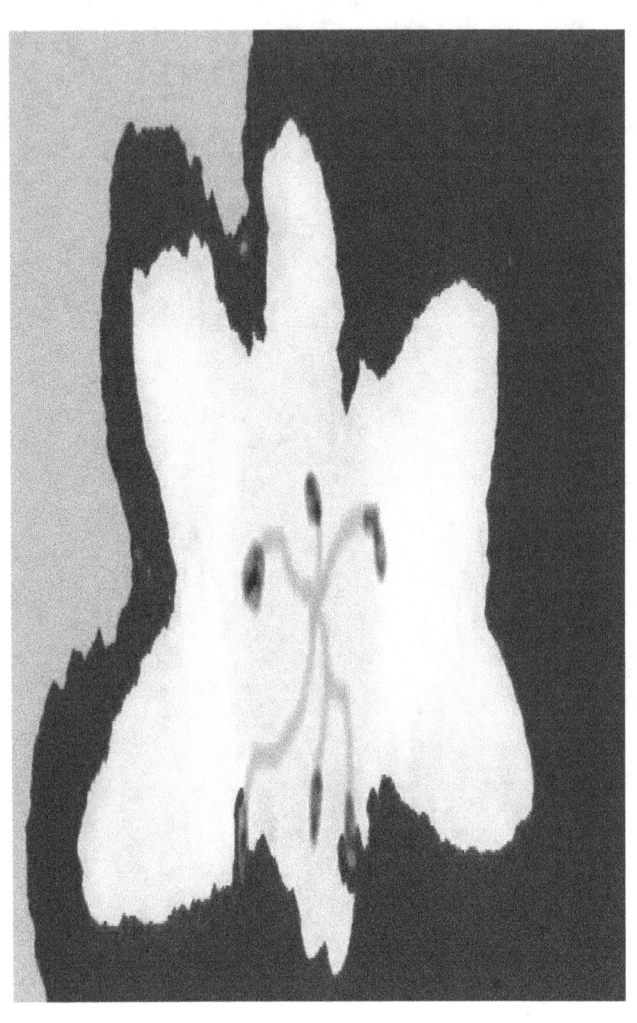

Die Heilung

Eine alte Seele griff
mich an. Doch Gott
hat mich erlöst mit
Hilfe seiner Engel.

Gott stiftet Frieden
und Vergebung.

Groß ist sein Werk.

Kennt keine Zeit und
keinen Raum.

Gott heilt die
Lebenden und die
Verstorbenen.

Redet mit ihm und er
wird antworten.

Bittet ihn und er wird
erhören.

Er ist der einzige Weg
zur Glückseligkeit.

Seine Barmherzigkeit
ist größer als jeder
Berg und tiefer als
jedes Meer.

Seine Liebe ist unendlich.

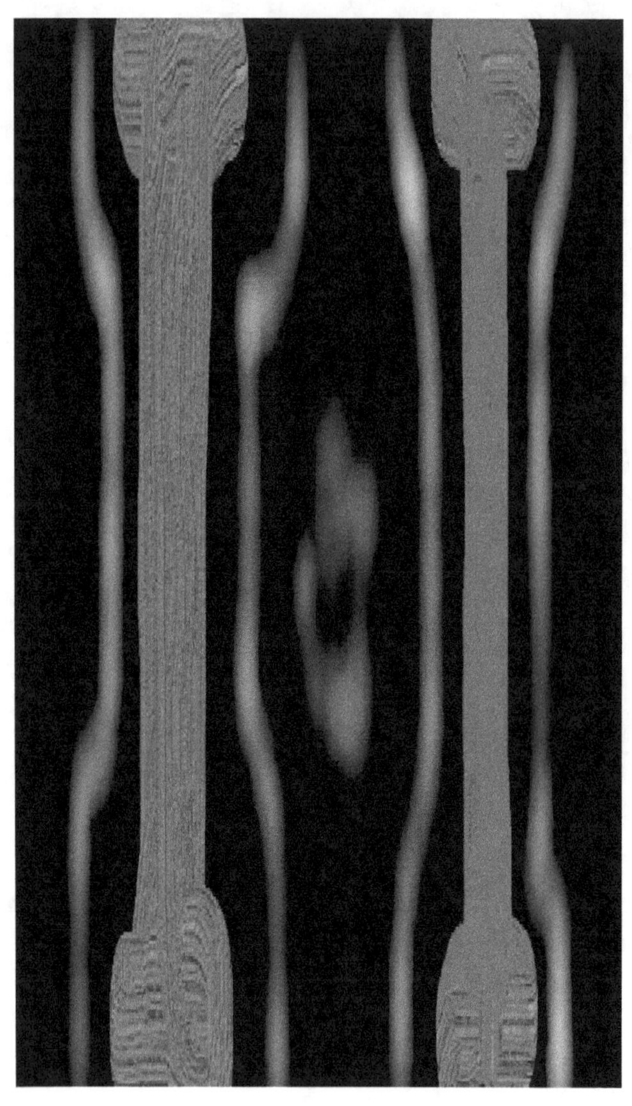